Ce livre appartient à
CACA BOUDIN
offert par :
TAIS-TOI
reçu le :
NUL des NUL des NUL

# Le métro de l'horreur

## RETROUVEZ Les Frousses de Zoé DANS LA BIBLIOTHÈQUE ROSE

*L'abominable petite fille des neiges*

*Mon papy s'appelle Barbe-Bleue*

*Les ogres du centre commercial*

*Le métro de l'horreur*

*Zoé contre Zoé*

*Le dentiste est un vampire*

*La sorcière est dans l'école*

*L'île du docteur Morora*

*Pas de pizza pour les mutants*

Gudule

*Les frousses de Zoé*

# Le métro de l'horreur

Illustrations de Jean-François Dumont

HACHETTE

Hachette Livre, 43, quai de Grenelle, 75015 Paris.

*Chapitre 1*

# Mardi soir, pendant le dîner...

Je fais un bond de carpe sur ma chaise et je lâche ma fourchette.

« Quoi ? Mamie est malade ?

— Ne t'inquiète pas, ce n'est pas grave ! me rassure papa avec un sourire. Elle a dû prendre froid... Dans quelques jours, elle sera sur pied ! »

Et il s'essuie la bouche avec sa serviette avant d'ajouter :

« L'ennui, c'est que je n'ai pas le temps d'aller lui rendre visite…

— Forcément ! dit maman en haussant les épaules. Ta mère a toujours la bougeotte… Si elle n'avait pas déménagé, nous aurions pu nous en occuper : elle habitait à deux pas. Mais elle a voulu s'installer à l'autre bout de Paris… »

S'il y a bien une chose qui me met hors de moi, c'est qu'on critique ma grand-mère. Je lance un regard furibond à maman.

« Normal : son appartement était trop petit !

— Évidemment ! rigole Rémi. Avec sa collection de cactus…

— Une collection de cactus GÉANTS ! précise maman en levant

les yeux au ciel. Quelle passion saugrenue… »

Papa hoche la tête en soupirant :

« Là, je dois bien reconnaître…

— Il y en avait partout, reprend maman. Sur les tables, dans les fauteuils, dans la baignoire… Ça encombrait tellement les pièces qu'il ne restait plus de place pour vivre… »

Elle se tourne vers papa avec une drôle de grimace.

« On se demande parfois ce qu'elle a dans la tête !

— Bah, tu exagères… Elle est juste un peu originale… »

Rémi éclate de rire.

« Qu'est-ce que vous croyez qu'elle inventera, la prochaine fois ? Moi je parie… qu'elle va transformer son salon en aquarium, et on ne pourra regarder la télé qu'avec un tuba et des palmes… ou élever des éléphants sur son balcon… ou…

— … ou installer une famille d'Esquimaux dans son frigo… », pouffe maman, entrant dans le jeu.

Ces deux-là, ils commencent sérieusement à me taper sur les nerfs !

« Vous allez vous taire, oui ? J'en ai marre, à la fin ! Mamie est la plus chouette vieille dame du monde, et vous, vous n'arrêtez pas de vous moquer d'elle !

— C'est gentil, mon p'tit pot-au-feu, de défendre ta grand-mère… », murmure papa avec un sourire attendri.

Mon père m'appelle toujours son p'tit pot-au-feu. Sans doute à cause de mes cheveux carottes-râpées et de mes yeux couleur persil — et pas, comme le prétend mon frère, de mes oreilles en feuilles de chou, de mon teint de navet et de mon nez en forme de patate. Celui-là, il ne rate pas une occasion de me vexer!

Ah ! la la, les grands frères... Quelles calamités! Et Rémi, dans le genre, je ne connais rien de pire!

L'adolescence est un âge terrible, pour les garçons. Toutes les parties de leur corps ne grandissent pas à la même vitesse, et le cerveau arrive en dernier. Résultat : une tête minuscule et d'énormes pieds. C'est très pratique pour le footing, mais côté intelligence, pfffftttt! Enfin, il paraît que ça s'arrange en vieillissant...

« Qu'est-ce qu'on fait, pour ta mère? demande maman à papa. Elle est clouée chez elle, la pauvre. Il lui faudrait un peu de compagnie...

— Tu t'en charges?

— Non, demain je travaille toute la journée…

— Et toi, Rémi ? C'est mercredi, tu pourrais lui consacrer une heure ou deux, dans l'après-midi… Tu n'aurais qu'à emmener ta sœur avec toi, et…

— Impossible, coupe mon frère. J'ai mon cours de guitare, et après, on répète pour le concert de dimanche… »

Non mais, écoutez-le, cette espèce d'égoïste ! Depuis qu'il joue dans un groupe de rock, il se prend vraiment pour une vedette ! Préférer une bande de musicos minables à sa grand-mère malade…

Et avec tout ça, moi, je me retrouve le bec dans l'eau ! À moins que…

« Tant pis, j'irai toute seule !

— Toute seule ? sursaute papa. Mais tu es trop petite, ma puce ! Il y a un long trajet de métro…

— Et alors ? Ma copine Mélanie le prend bien tous les jours, le métro, pour venir à l'école ! Et personne ne l'accompagne ! Je ne suis pas plus bête qu'elle, quand même !

— Moi, à son âge, j'étais capable de traverser Paris sans aide », signale Rémi.

Papa se tourne vers maman.

« Qu'en penses-tu, chérie ?

— Rémi n'a pas tort : il serait temps que notre fille apprenne à se débrouiller...

— À force de la couver, vous allez en faire une mauviette ! ajoute mon frère. Déjà qu'elle a des tendances, hein, Zoé-la-trouille ! »

Je manque de m'étrangler de colère.

« Tu ne t'es pas regardé, espèce de grande andouille ! »

C'est vrai, quoi ! qu'est-ce qu'ils ont tous à me surnommer Zoé-la-trouille? Je ne suis pas froussarde, je suis prudente, nuance! Le monde est plein de dangers, alors, je me méfie. Ça ne vous arrive jamais, vous, d'imaginer qu'il y a un bandit sous votre lit, un fantôme dans le tiroir à chaussettes ou un vampire dans la penderie?

« Tu veux que je t'explique l'itinéraire ? » propose Rémi pour me calmer.

Il sort un plan de métro de sa poche et l'étale sur la table. Du coup, j'oublie ma colère.

Il faut dire que les plans de métro, j'adore ça. C'est tellement joli! Ces traits de toutes les couleurs qui se croisent et se mélangent, on dirait des serpentins de carnaval!

« Tu vois, nous, nous sommes ici, à

*Kremlin-Bicêtre*, sur la ligne 7, explique mon frère, en suivant du doigt le serpentin rose. Et mamie habite rue Lafayette, c'est-à-dire là, sur la même ligne mais tout en haut... »

De l'ongle, il souligne un gros point au-dessus duquel il est écrit *Chaussée d'Antin*.

« Il n'y a pas de changement, précise papa, et l'immeuble de ta grand-mère est juste à côté de la sortie principale... »

Je prends mon air le plus digne.

« Je le sais bien, j'y suis déjà allée cent fois ! Elle habite au-dessus du *Bar du métro.*

— Inscris le nom de toutes les stations sur un papier, me conseille maman. Comme ça, il suffira que tu suives ta liste pour être sûre de ne pas te tromper !

— Inutile, m'man ! intervient Rémi. L'itinéraire est marqué au sommet de chaque portière...

— Oui, mais je crains que ce ne soit un peu haut pour elle. Tandis que sa liste, elle l'aura sous la main... Et puis, quand on écrit les choses, on les retient mieux ! »

*Chapitre 2*

# L'aventure souterraine

« Ma parole, on dirait que tu pars en expédition pour l'Himalaya, pouffe Rémi tandis que je me prépare. Sauf qu'au lieu de grimper, tu t'enfonces sous terre. N'oublie pas ton casque de spéléologue, ton matelas pneumatique et ta trousse de secours, surtout ! »

Je ne réponds pas : certaines réflexions sont si stupides qu'il vaut mieux les ignorer. D'ailleurs, je suis bien trop occupée à rassembler mes affaires !

Rien que des affaires indispensables, évidemment !

D'abord mon sac à dos, pour Hotdog — on peut emmener les petits chiens dans le métro à condition de les transporter dans un sac, c'est le règlement. Ensuite, ma liste de stations — il y en a seize, je ne peux quand même pas les apprendre par cœur ! Et enfin, mon livre. Si je n'ai pas de lecture, je risque de m'ennuyer pendant la demi-heure de transport.

Me voilà prête... En route !

« Bonne chance, l'aventurière ! me crie mon frère, du pas de la porte.

J'espère que tu t'en sortiras indemne ! »

J'essaie de hausser les épaules, mais Hot-dog pèse trop lourd, dans mon dos. Ce gros paresseux est aux anges : il apprécie de se promener sans avoir à bouger les pattes ! Comme sa tête dépasse du sac, il en profite pour me lécher l'oreille et ça me donne des frissons partout.

« Arrête, Hot-dog ! Ce n'est pas le moment : tu m'empêches de me concentrer ! »

Lorsque je parviens à la bouche de métro, j'ai le cœur qui bat très fort. Et quand je descends les marches, il bat encore plus.

Arrivée devant le portillon, je sors mon ticket de ma poche, je le glisse dans la fente… Le portillon bascule… Je descends à nouveau et me retrouve sur le quai. Jusqu'ici, tout s'est passé sans ennui. Pourvu que ça dure !

Hot-dog, pas du tout impressionné, s'est endormi, la tête dans mon cou. Je sens ses moustaches à chaque respiration. Cela me donne confiance et, quand la rame s'arrête devant nous, j'y monte sans hésitation. Vue de l'extérieur, je dois avoir l'air d'une vieille habituée !

Je m'assieds sur le strapontin, dans le sens de la marche, et je pose mon sac par terre, entre mes jambes. Puis, tandis que le signal du départ retentit et que les portes claquent, j'observe mes compagnons de voyage.

Il n'y en a pas beaucoup ; quatre exactement. Une vieille dame avec un cabas rempli de provisions, d'où dépassent des feuilles de poireaux et de céleris, un jeune Africain en casquette, son baladeur sur les oreilles, et un couple d'amoureux. La dame regarde par la fenêtre, l'adolescent se dandine au rythme de la musique, les yeux dans le vague, et les amoureux s'embrassent. Personne ne s'occupe de moi... C'est un peu vexant. À croire que ça n'a rien d'exceptionnel, une petite fille de dix ans qui prend le métro toute seule !

Bientôt, le quai disparaît. On entre dans le tunnel. Derrière les vitres, tout devient noir. J'ai beau écarquiller les paupières, je ne distingue pas grand-chose. Juste des voies qui s'enfoncent dans l'ombre, et des fils électriques rampant le long des murs comme de gros vers...

Brrrr, c'est sinistre !

Après quelques secondes, le tunnel s'éclaircit et on arrive à la station suivante. Je lis le nom écrit en grand sur le panneau bleu : *Maison-Blanche*. Puis je me reporte à ma liste. O.K., tout va bien, je suis sur la bonne voie.

Le métro ralentit, puis s'arrête dans un grincement strident. La vieille dame descend, remplacée par une mère avec un landau, et deux messieurs en complet-cravate qui discutent à mi-voix. Hot-dog ouvre un œil, bâille, et lève la truffe vers moi. Il a des points d'interrogation dans les prunelles.

« Ne t'inquiète pas, mon chien chéri, on va bientôt arriver! »

Je le caresse, il me donne de grands coups de langue sur la main. Mon teckel, c'est vraiment le membre de ma famille que je préfère. Il ne râle jamais, ne se moque jamais de moi, et ses petits yeux noirs sont si tendres que rien qu'en me regardant il me dit des mots doux.

« Rendors-toi, moi je vais lire un peu, ça fera passer le temps plus vite ! »

Nouvelle sonnerie, le métro redémarre. Docilement, Hot-dog se réinstalle pour un petit somme, et j'ouvre mon livre.

C'est un bouquin passionnant : *L'Égypte des pharaons*. Je l'ai emprunté à la bibliothèque de l'école. Mme Lenoir, la maîtresse, me l'a conseillé et, pour une fois, elle avait raison : je le trouve vraiment chouette, ce livre ! Il est plein de légendes, de dieux mi-hommes mi-animaux, et de momies enterrées dans des pyramides plus grandes que des H.L.M. Je n'ai jamais rien lu d'aussi bizarre de toute ma vie !

Là, par exemple, ce passage explique une coutume incroyable. Avant d'embaumer les morts, on leur retirait la cervelle par le nez, avec un crochet. J'essaie d'imaginer la scène... Moi, si on m'avait fait ça, qu'est-ce que j'aurais éternué ! Est-ce que ça éternue, les momies ? Le livre n'en parle pas...

Et là... *Quand les archéologues ouvrirent les premiers sarcophages, ils y trouvèrent des fleurs intactes, miraculeusement conservées durant plus de trente-cinq siècles. Mais lorsqu'ils les touchèrent, les fleurs tombèrent aussitôt en poussière.* Fabuleux, non ?

Le chapitre que je préfère, c'est celui sur la découverte du tombeau de Toutankhamon. Je le relis pour la vingtième fois au moins. *Les profanateurs de la sépulture disparurent tous les uns après les autres, victimes de maladies étranges et d'inexplicables accidents. Est-ce la malédiction du pharaon qui les a frappés ? Aujourd'hui encore, l'énigme reste entière. Le désert livrera-t-il un jour son secret ?*

*Chapitre 3*

# *Porte du Sphinx,* tout le monde descend !

Je suis si absorbée par ma lecture que les stations défilent sans que je m'en rende compte.

Soudain, je relève la tête et, durant une seconde, je me demande où je suis. J'avais tout oublié : mamie malade, le trajet en métro… Ce qu'il y a d'étonnant, quand on lit, c'est que la réalité s'efface.

Je lance un regard inquiet autour de moi. Les voyageurs ont changé, depuis tout à l'heure. Les amoureux sont descendus, les deux hommes en complet aussi. À présent, nous ne sommes plus que trois : le jeune Africain, occupé à changer la cassette de son baladeur, la maman, qui agite un hochet devant le bébé du landau, et moi.

Nom d'une pipe, pourvu que je n'aie pas loupé la station !

Ma liste, où est ma liste ? Ah, ici, elle me sert de marque-page. Je m'y raccroche comme à une bouée de sauvetage.

Au même instant, le métro s'arrête.

*Place Monge*... Fébrilement, je consulte la liste du doigt. Ouf, je respire ! Il me reste encore... une, deux, trois, quatre... neuf stations avant chez mamie. Je me suis affolée pour rien.

Hot-dog doit se demander ce qui me prend, car il se redresse avec un couinement de surprise. Je lui donne un baiser sur la truffe.

« Ce n'est rien, mon petit chien... Je manque un peu d'habitude, voilà tout... »

N'empêche, j'ai eu drôlement peur ! C'est ma faute, aussi. Au lieu de lire, je ferais mieux de suivre mon itinéraire !

Durant quelques minutes, je m'efforce d'être attentive. *Jussieu... Sully-Morland...* La maman au landau descend, une grosse fille en bermuda rose et un type chauve montent. *Pont-Marie...* Hot-dog s'ébroue et essaie de grimper sur mes genoux. Je le gronde et le refourre illico dans son sac.

*Châtelet*... Pfffff, qu'est-ce que c'est long ! Je m'ennuie...

*L'Égypte des pharaons* me nargue. Les momies, les égyptologues, les hiéroglyphes... C'est autrement plus intéressant que de rester sans rien faire, à regarder défiler les stations !

Je résiste de mon mieux, mais le mystère du tombeau de Toutankhamon me tente trop. Il me tente même tellement que je finis par céder. Et, malgré mes bonnes résolutions, je replonge dans mon bouquin.

*Une effroyable surprise attendait les archéologues lorsqu'ils ouvrirent la chambre mortuaire. Un parfum étrange les saisit à la gorge. Ils reculèrent en désordre, toussant et suffoquant. Nombre d'entre eux moururent, empoisonnés par ces émanations d'outre-tombe. La vengeance du*

*Pharaon ne faisait que commencer...*

Mon chapitre terminé, je vérifie distraitement où nous sommes...

« Oh, ça alors ! »

Sur le mur de la station, le mot *Pyramides* est écrit en toutes lettres. Je me frotte les yeux, avec l'impression de rêver... mais non : la station *Pyramides* existe bel et bien, elle se trouve tout en bas de ma liste. Plus que deux arrêts et j'arrive chez mamie !

Du coup, je referme mon livre pour de bon et j'annonce à Hot-dog :

« Prépare-toi, on y est presque ! »

Un battement de queue enthousiaste me répond : mon chien commençait à trouver le temps long. C'est qu'il n'a pas de lecture pour s'occuper, lui !

Quelques minutes plus tard, on atteint la station suivante. L'avant-dernière. *Nil.*

Hein? *Nil*?!

Mais… Mais… Je n'ai pas ça sur ma liste, moi! J'ai *Opéra*!

Catastrophe, je ne suis plus sur la bonne ligne!

Comment c'est possible? Je n'ai pas bougé de ma place, et papa m'a bien dit qu'il n'y avait pas de changement!

Est-ce que par hasard je me serais trompée, en recopiant les noms des stations? Je me hisse sur la pointe des pieds pour consulter les indications, au-dessus de la porte : *Châtelet… Pont-Neuf… Palais-Royal… Pyramides… Nil… Porte du Sphinx…* puis plus rien. Pas la moindre trace de *Chaussée d'Antin…*

Nom d'un clafoutis, au lieu de m'amener chez mamie comme prévu, ce fichu métro m'emporte vers une destination inconnue ! Il… Il faut que je descende tout de suite pour repartir dans la bonne direction.

Mais… je ne sais pas comment on s'y prend, moi ! On n'a pas parlé de ça, à la maison !

La peur me noue le ventre, ma peau se couvre de chair de poule. Oh la la, qu'est-ce que je dois faire !?

D'abord retrouver mon calme — quand on se met dans tous ses états, on n'a plus les idées claires, c'est bien connu ! — et ensuite, réfléchir logiquement…

Que je suis bête ! Je n'ai qu'à demander mon chemin aux autres voyageurs !

Les autres voyageurs ? Un froid glacial m'envahit. IL N'Y A PAS D'AUTRES VOYAGEURS. Je suis seule dans le compartiment. Pendant que je lisais, le garçon au baladeur, la grosse fille en bermuda et le chauve sont partis.

Je sens mes jambes devenir aussi molles que de la guimauve. Houlà, je ne me sens pas bien, moi… Pas bien du tout !

À cet instant précis, un horrible grincement emplit le compartiment,

suivi d'une voix criarde, sortant d'un micro dissimulé je ne sais où :

« *Porte du Sphinx*, terminus ! »

Comme un automate j'ouvre la porte et, d'un pas incertain, je descends sur le quai. Hot-dog, qui a profité de mon émotion pour se dégourdir les pattes, me suit d'un bond. Le sac à dos qu'il tient dans sa gueule et tire

derrière lui, produit un « ssshhhh » monotone sur le sol. Machinalement, je le ramasse.

Un panneau bleu indique SORTIE. Je me dirige vers lui, tout en cherchant des yeux quelqu'un pour me renseigner. Mais la station est déserte, et à travers les vitres du métro à l'arrêt, je me rends compte que TOUS les wagons sont vides, vides et archivides. Comme si…

J'avale ma salive avec difficulté. Dans le silence, je n'entends plus que le bruit de mon cœur qui bat.

… Comme si j'étais l'unique voyageuse de ce train. L'UNIQUE VOYAGEUSE D'UN TRAIN FANTÔME.

*Chapitre 4*

# Prisonnière du désert

Prise de panique, je me mets à courir, mon chien sur les talons. L'un derrière l'autre, nous remontons un long couloir obscur. Nos pas précipités résonnent sur le pavé.

Le couloir donne sur un escalier. Nous l'escaladons quatre à quatre. Il aboutit à une porte fermée.

Perplexes, nous nous regardons, Hot-dog et moi. Il jappe d'un air interrogateur, ce qui signifie clairement : « Qu'est-ce que tu attends pour ouvrir? »

Ouvrir, moi, je veux bien, mais où est la poignée?

À tout hasard, je m'arc-boute contre le battant et je pousse de toutes mes forces.

« Oh-hisse! Oh-hisse! »

La porte est lourde, lourde…

« Oh-hiiiiisse! »

Lentement, elle s'entrebâille. Par l'ouverture jaillit un éclair éblouissant.

Je manque de tomber à la renverse. Quant à Hot-dog, il est si ahuri que ses oreilles se dressent toutes droites sur sa tête, comme celles d'un lapin.

Et il y a de quoi! Car cet éclair n'est autre que…

« Mais... c'est... c'est impossible!!! »

... que la lumière du désert.

Durant un long moment, nous restons là, dans l'encadrement de la porte, paralysés de stupéfaction.

« Ça alors... Où est passé Paris??? »

Paris a disparu. À perte de vue, il n'y a que du sable, du sable, encore du sable... Au-dessus, un ciel immense, presque blanc de chaleur. Et un soleil aveuglant.

Les mains en visière, j'avance doucement. Le sol est brûlant. Heureusement, mes grosses bottines me protègent les pieds.

Hot-dog, par contre, pousse un couinement aigu en secouant ses pattes.

« Oh, mon pauvre chéri, tu t'es fait mal? »

Je reviens sur mes pas pour le secourir, et… Nom d'un crocodile, qu'est-ce que c'est que ce cirque ? La bouche de métro que je viens de quitter n'en est plus une : c'est une pyramide. Et, juste derrière elle, se dresse une statue gigantesque qui masque entièrement le paysage.

Je fais un bond en arrière.

« Ça alors, le… le sphinx de Guizèh ! »

Pas de doute, c'est bien lui : sa photo illustre la couverture de mon livre. Déjà, en image, ce monstre plus haut que la tour Eiffel, avec sa tête de femme sans nez et ses yeux vides, me fichait la trouille. Mais alors là, en vrai… Franchement, je n'ai jamais rien vu de pire de toute ma vie !

Prise de panique, j'attrape mon

METRO

chien, je le remets dans le sac et je file, droit devant. Mon réflexe est idiot, je le sais bien, mais c'est plus fort que moi : quand je m'affole, il faut que je me sauve. Ça me joue souvent des tours, mais je ne peux pas m'en empêcher…

Je cours longtemps, longtemps… Lorsque je m'arrête, complètement essoufflée et en sueur, le sphinx n'est plus qu'une forme noire à l'horizon. Et la pyramide a disparu derrière les collines de sable.

Me voilà seule au milieu du désert…

Enfin, pas tout à fait : heureusement, Hot-dog est avec moi !

Je lui embrasse la truffe. Oh, c'est curieux ! D'habitude, elle est froide, humide et d'un beau noir brillant. Tandis que là…

... Là, elle est tiède, grisâtre, crevassée...

Ma gorge se serre. Quand la truffe des chiens a cette couleur et cette température, ça signifie qu'ils sont malades.

« Qu'est-ce qui t'arrive, mon pauvre Hot-dog ? Tu as pris froid ? »

Froid ? Mais non, voyons, c'est exactement le contraire : il est comme moi, il a trop chaud. Sa langue, trois fois plus longue que d'habitude, pend mollement hors de sa gueule, et je ne l'ai jamais vu haleter si fort...

« Tu as soif, hein ? C'est ça ? »

Moi aussi, j'ai soif. Très, très soif. Ma course m'a complètement déshydratée. Je boirais bien... un grand verre de limonade avec des glaçons... ou de la grenadine bien fraîche... ou du sirop de menthe... ou... ou...

… ou juste de l'eau, à la limite.

De l'eau, dans le désert?

MAIS IL N'Y A PAS D'EAU, DANS LE DÉSERT ! C'est justement pour ça qu'on l'appelle « le désert » : parce que rien n'y pousse. Je l'ai appris la semaine dernière en classe.

« Le désert est une région aride qui s'étend sur des centaines de kilomètres carrés, a expliqué Mme Lenoir. Pour le traverser, il faut se munir d'un équipement perfectionné : une Land Rover avec des pneus de rechange, une boussole, des bidons d'eau, de quoi envoyer des messages radio, etc. De nombreux explorateurs ont été victimes de leur imprudence. On ne compte plus les malheureux qui, tombant en panne loin de toute civilisation, ont tenté de continuer la route à pied. Certains ont été sauvés *in extremis* par les patrouilles de secours lancées à leur recherche, mais la plupart sont morts d'insolation après avoir tourné en rond durant des heures et des heures... On n'a même jamais retrouvé leurs ossements, car les tempêtes de sable les avaient recouverts...

— Y a quand même des caravanes de chameaux qui passent de temps en temps ! s'est exclamé Cédric.

— Et des oasis avec des puits où on peut boire ! » a ajouté Sylvain.

Ces deux-là, sûr, ils avaient lu *Tintin et le crabe aux pinces d'or* !

Mme Lenoir a secoué la tête.

« Ça, c'est ce que racontent les bandes dessinées, mais la réalité est, hélas, bien différente. Les chances de croiser une caravane sont extrêmement réduites, surtout si on s'éloigne des pistes. Quant aux oasis, il y en a très peu. On croit les voir, mais ce ne sont que des mirages...

— C'est quoi, un mirage, maîtresse ? a demandé Mélanie.

— Une hallucination due à la soif. Heureusement, aujourd'hui, grâce à l'avion, il n'est plus nécessaire de traverser le désert pour se rendre d'un bout à l'autre du globe. Ceux qui empruntent cette route le font de leur plein gré, et conscients des périls qu'ils encourent... »

*Conscients des périls qu'ils encourent ?* Les institutrices affirment vraiment n'importe quoi, parfois ! Primo, on peut très bien se retrouver dans le désert sans l'avoir voulu, la preuve ! Et secundo, les avions, les Land Rover et le tour du monde, c'est très joli, mais les dangers du métro, hein ?

Ça existe, les dangers du métro, et c'est bien plus proche de nous ! Pourquoi est-ce que Mme Lenoir ne nous en a pas parlé ?

Si j'avais été prévenue, j'aurais au moins pris une gourde avec moi !

Est-ce que je vais mourir d'insolation après avoir tourné en rond pendant des heures et des heures ? Rien que d'y penser, j'ai envie de pleurer… Et le pire, c'est que j'ai entraîné mon pauvre petit chien dans cette mésaventure !

D'une voix pleine de sanglots, je murmure :

« Pardon, Hot-dog, pardon… Tu ne m'en veux pas, dis ? »

Un grand coup de langue affectueux m'assure que non. Et même si cette langue est aussi sèche que du carton, sa caresse me redonne courage.

« Tu sais ce qu'on va faire ? On va repartir en sens inverse. Le sphinx nous servira de point de repère. J'ai été idiote de m'en éloigner : après tout, ce n'est qu'une statue inoffensive, même si elle est immense... D'ailleurs, c'est grâce à sa taille qu'on la voit de loin. Elle va nous permettre de retrouver le métro... »

Le soleil tape de plus en plus dur. Je ne souhaite qu'une chose : me coucher par terre et ne plus bouger. Mais, malgré tout, je reprends la route. Chaque pas me demande un effort surhumain. Écrasée par la chaleur, titubant de fatigue et de soif, je marche... Je me traîne, plutôt, sans quitter des yeux la silhouette du sphinx.

Mais... c'est quand même curieux, ça ! J'ai beau mettre un pied devant l'autre… un pied devant l'autre… un pied devant l'autre… la silhouette ne grossit pas, elle diminue. Comme si, au lieu d'avancer, je reculais…

Bientôt, le sphinx atteint la dimension d'une coccinelle… puis d'une fourmi… puis d'une tête d'épingle… Et…

… et finit par disparaître.

Autour de moi, il n'y a plus que des dunes, à perte de vue. Me voilà prisonnière du désert…

*Chapitre 5*

# Le regard cruel du cobra

« Adieu, Hot-dog… »

À bout de forces, je me laisse tomber dans le sable brûlant, qui me cuit le dos à travers mes vêtements. Mais qu'importe : rester debout est encore plus pénible. Mon chien s'allonge sur moi avec un gémissement lamentable.

« … Nous allons mourir de soif, les tempêtes de sable recouvriront nos os, et même si papa et maman entreprennent des recherches, ils ne nous retrouveront jamais. Le désert sera notre tombeau… »

Je ferme les yeux… Ah, si seulement mamie n'avait pas collectionné les cactus ! Elle serait restée dans son petit studio à côté de chez nous, j'aurais été lui rendre visite à pied, je ne me serais pas perdue dans le métro… Et au lieu de nous dessécher dans cette fournaise, Hot-dog et moi, nous serions en train de goûter, en écoutant chanter les oiseaux dans les arbres du square…

Maudits cactus ! Tout ça, c'est leur faute ! Si j'en réchappe, je jure de les détruire tous jusqu'au dernier !

Soudain…

« Tiens? Qu'est-ce qu'on entend? On dirait… un bourdonnement d'insecte. Tu l'entends aussi, Hot-dog? »

Est-ce qu'il y a des moustiques, dans le désert? Mme Lenoir ne nous a rien dit à ce propos.

Le bourdonnement augmente. Je me redresse pour mieux repérer l'ennemi. Ce serait le comble, quand même, de mourir de soif pendant que les moustiques boivent mon sang ! Sans compter qu'avec un chahut pareil, ce sont sûrement des moustiques géants !

Je me retourne… mais ce n'est pas un moustique que j'aperçois, c'est un camion. Il est encore très éloigné, et c'est le grondement de son moteur qui me parvient.

Mon cœur s'emballe dans ma poitrine.

« Yahouuuu ! On est sauvés ! »

Je saute sur mes pieds. Mon chien en fait autant, au risque de se brûler les coussinets. Je trépigne sur place avec de grands signes, il aboie à pleins poumons… Une fois de plus, la maîtresse s'est trompée : les équipes de secours sont très efficaces, pour sauver les voyageurs égarés dans le désert !

À moins que…

Ma joie se change aussitôt en angoisse.

… À moins que ce ne soit un mirage…

D'une voix tremblante, je demande :

« Hot-dog… Tu le vois aussi, le camion, hein ? Sinon, tu n'aboierais pas… »

Ce raisonnement, pourtant logique, ne me rassure qu'à moitié. Dans *Tintin et le crabe aux pinces d'or*, les

Dupont sont DEUX à avoir la même hallucination…

En attendant, vrai ou pas, le véhicule se rapproche. Il n'est plus qu'à quelques mètres quand la vitre se baisse.

« Hello, Miss ! On pwomène son little dog ? tonne une voix, avec un fort accent anglais.

— Vous… vous n'êtes pas un mirage ? »

Le camion stoppe devant moi, dans un nuage de sable. Son conducteur est blond, très moustachu, avec un teint rouge brique et des habits blancs.

« Oh, God ! C'est bien la pwemièwe fois qu'une jeune fille me twaite de miwage ! En généwal, elles me twouvent twop tewwe à tewwe… Je me pwésente : Howawd Pinkpantew, je twavaille tout pwès. Voulez-vous que je vous dépose quelque pawt ?

— Je… j'allais chez ma grand-mère, et je me suis perdue en route… Pourriez-vous m'emmener au métro, s'il vous plaît ?

— Wien de plus facile ! »

Il ouvre la portière et m'invite à monter.

Petit problème : le siège du passager est entièrement occupé par une espèce de pneu. Drôle d'endroit pour ranger sa roue de secours !

« Euh… Où est-ce que je dois m'asseoir, m'sieur ?

— How, excusez-moi, j'ai tellement l'habitude de ciwculer seul… Allons, Suzy, descends ! Laisse la place à la demoiselle ! »

Il donne une petite tape au pneu, et sous mon regard ahuri, celui-ci se déroule. Ce… ce n'est pas un pneu, c'est…

« Un serpent !!!

— Un cobwa femelle, rectifie Howard Pinkpanter. Mais ne vous inquiétez pas, Suzy est appwivoisée… »

Une affreuse tête triangulaire se dresse à présent devant moi, ondulant de gauche à droite. De sa gueule verdâtre sort une langue fourchue. Et ses petits yeux cruels, luisant dans ses écailles, semblent dire : « Toi, ma vieille, méfie-toi : je t'aurai ! »

Pour une bête apprivoisée, elle m'a l'air drôlement agressive, cette Suzy !

C'est aussi l'avis de Hot-dog, qui rentre illico dans une fureur noire :

« Rrrrr... wouf! Wouf! Wouf!

— Du calme, le molosse ! dit Howard en riant. Et toi, Suzy, cesse de le pwovoquer... Allez, file à l'awwièwe ! »

Le cobra obéit, et tandis que je m'installe, je sens son regard dans mon dos. C'est une impression particulièrement désagréable ! Si Suzy décidait subitement de me croquer la nuque, qui pourrait l'en empêcher ?

Qui ? Mais mon chien, bien sûr ! Les deux pattes posées sur mon épaule, il la fixe avec toute la férocité dont il est capable, la gorge vibrant de grondements.

Brave Hot-dog ! Il affronterait le monstre du loch Ness, s'il le fallait, pour me défendre !

Je le caresse avec reconnaissance lorsque je remarque une gourde, posée sur le tableau de bord... Presque malgré moi, je tends la main.

« Est-ce que je peux... ?

— Malheuweusement, elle est vide... Mais vous semblez déshydwatée, maï deaw. Mon campement est juste à côté, voulez-vous que nous y passions ? Vous pouwwez vous wafwaîchiw, ainsi que votwe petit chien... »

Je sais qu'en théorie, les petites filles ne doivent jamais suivre des inconnus, mes parents me le répètent sans cesse. Mais dans ces circonstances exceptionnelles, je me laisserais bien tenter…

« Vous avez de la grenadine ?

— De la gwenadine, de la menthe, du siwop d'owgeat… et un congélateuw plein de glaçons ! »

Dans ce cas, j'accepte avec un sourire éclatant… enfin, aussi éclatant que me le permettent mes lèvres desséchées. Et, poliment, je m'informe :

« C'est quoi, votre travail ? »

Du doigt, l'Anglais indique un point, devant nous.

« Je diwige un chantier, là-bas, dans la vallée… D'ailleuws, nous awwivons. »

Le camion escalade une butte, et…
« Oh ! »
Je n'ai pas pu retenir un cri. En contrebas, nichée dans le sable, s'étale une sorte de cité antique, composée de pyramides, de temples, de sculptures… C'est un spectacle particulièrement impressionnant… et que je connais par cœur, car il se trouve en photo dans *L'Égypte des pharaons*.
N'empêche, le voir pour de vrai, ça donne quand même un choc !
Je reste quelques secondes muette d'admiration, puis — histoire de montrer que je ne suis pas ignorante ! — j'indique une pyramide du doigt :
« Ça, c'est le tombeau de Toutankhamon ! »
Howard Pinkpanter émet un petit sifflement.

« Bwavo, je vois que j'ai affaiwe à une spécialiste ! »

Je prends mon air le plus modeste. Inutile de lui préciser que cet emplacement est indiqué par une flèche sur la photo de mon livre...

« Vous voyez le village de toile, contwe le flanc ouest du tombeau ? reprend Howard Pinkpanter. C'est là que nous allons... »

Un soupçon me saisit. Est-ce que par hasard... ?

Je regarde soudain cet Anglais farfelu d'un autre œil, et je tourne sept fois ma langue dans ma bouche avant d'oser demander :

« Votre chantier est... DANS le tombeau de Toutankhamon ?

— Dedans, autouw, en suwface, en sous-sol... Pouwquoi ? »

Nom d'une cacahuète, je suis,

depuis plus d'une demi-heure, en compagnie d'un égyptologue, et je ne m'en doutais même pas ! C'est le moment ou jamais de poser la question qui me turlupine !

« Et la malédiction, professeur Pinkpanter ? »

Les sourcils blonds se changent en accents circonflexes.

« À quelle malédiction faites-vous allusion, maï deaw ?

— Ben… la vengeance du pharaon, les disparitions mystérieuses, les maladies étranges, le parfum qui tue… »

Il a un geste évasif.

« Balivewnes, tout cela ! Supewstitions ! »

Ah bon ? Mon livre raconte n'importe quoi, alors ? Comme Mme Lenoir ? Décidément, on ne peut plus faire confiance à personne…

Je n'ai pas le temps de m'attarder sur cette réflexion, car une nouvelle surprise m'attend. La vallée est remplie de bulldozers, de grues et de pelleteuses. Un concert assourdissant de scies, de foreuses et de marteaux-piqueurs emplit l'atmosphère. Les ouvriers vont et viennent, casqués de jaune, leurs outils à la main. Ce n'est pas du tout comme ça que j'imaginais un chantier archéologique !

« Vous savez, professeur, je suis un peu déçue. Je pensais que les fouilles se passaient en silence, comme dans les musées… Que les chercheurs travaillaient avec des pinceaux et des loupes, méticuleusement… »

Mon compagnon écarquille les paupières.

« Mais… de quelles fouilles pawlez-vous, ma petite ? Et pouwquoi m'appelez-vous pwofesseuw, depuis tout à l'heuwe ? »

Un doute me saisit.

« Vous… vous n'êtes pas égyptologue ?

— Bien sûr que non : je suis ingénieuw…

— Et… votre travail consiste en quoi ?

— Je pwolonge la ligne de métwo n° 7 au-delà de la *Powte du Sphinx.* »

Il stoppe son véhicule devant la plus grande tente.

« Venez, nous allons nous asseoiw devant une boisson fwaîche, et puisque cela semble vous intéwesser, je vous montwewai nos futuws pwojets. »

*Chapitre 6*

# Le parfum qui tue

« Alors, le métro va venir jusqu'ici ? »

Je suis si ébahie que j'en oublie de boire. Pourtant, cette grenadine bien rouge, avec sa rondelle de citron et ses glaçons qui tintent contre le bord du verre, est particulièrement attirante !

Hot-dog, moins émotif que moi, lappe à en perdre haleine… dans la gamelle de Suzy. Et elle a beau le fixer de son regard inquiétant, il s'en moque éperdument !

« Eh oui ! répond Howard Pinkpanter en dépliant une carte. Cette station s'appellewa, comme il se doit, *Toutankhamon*, puis la ligne continuewa dans cette direction. Nous auwons ici *Khéops*, là-bas, *Khéphwen*, et tout au bout, *Mykéwinos*. Un boulot colossal en pewspective… mais quel wésultat ! Wendez-vous compte : dans quelques années, le métwo auwa vaincu le désewt !

— Et si j'ai bien compris, les couloirs du métro, ce sera…

— … les couloiws des pywamides, absolument ! La voilà, l'idée de génie : aménager les constwuctions existantes, les wéutiliser… Vous vous wendez compte de l'économie ? Au lieu de laisser ces dizaines de kilomètwes de galewies à l'abandon, nous allons les twansformer en un wéseau soutewwain unique au monde ! Et tous les usagers pouwwont en profiter… C'est mieux que de les laisser tomber en wuine, n'est-ce pas ? »

Euh… Oui, bien sûr. N'empêche, il y a quelque chose qui me chiffonne, là-dedans. Je trouve que ce n'est pas très respectueux. Un peu comme si on transformait le cimetière du Père-Lachaise en aéroport…

« Et.. Et les momies, elles sont d'accord ? »

Howard Pinkpanter rigole dans sa moustache.

« Les momies, il y a plus de twois

mille ans qu'on ne leuw demande plus leuw avis ! »

Ça doit se lire sur mon visage que je suis choquée, parce que l'ingénieur me déclare un peu sèchement :

« Je cwois qu'il est temps que nous pwenions congé, Miss... Venez, je vais vous wamener à la *Powte du Sphinx* ! »

*

*   *

« N'oubliez pas : diwection *Villejuif-Maiwie d'Ivwy* jusqu'à *Pywamides*, et là, vous pwenez l'embwanchement *La Couwneuve* », recommande Howard Pinkpanter en me serrant la main.

Je remercie poliment, envoie un petit « au revoir » du bout des doigts à Suzy, et empoigne mon chien. L'instant d'après, je dégringole les marches menant à l'intérieur de la station de métro.

Mais une fois en bas, je me trouve face à deux couloirs... Je n'avais pas remarqué ça, en venant ! Lequel choisir ? Celui de droite ? Celui de gauche ?

« Qu'en penses-tu, Hot-dog ? »

Malgré son flair, mon chien n'en sait rien. Et pas la moindre indication pour nous aider...

Je ne vois qu'une solution :

*Une poule sur un mur*
*Qui picore du pain dur*
*Picoti-picota*
*Lève la queue et puis s'en va !*

La comptine désigne le couloir de gauche : un boyau étroit et sombre dont on n'aperçoit pas la fin.

« En avant, Hot-dog ! Au pas de course ! »

L'obscurité augmente à mesure qu'on avance, mais nous ne ralentissons pas l'allure. Plus vite nous serons sortis de cet endroit lugubre, plus vite nous nous retrouverons chez mamie. Et, en ce moment, c'est ce que je souhaite le plus au monde, parce que les aventures, j'en ai vraiment ras le bol !

Flûte ! Voilà que le couloir se divise encore. C'est un vrai labyrinthe, ma parole !

Et toujours pas de panneau…

Ah, si ! Là, un peu plus loin, il y en a un, accroché au mur. Mais dans cette pénombre, j'ai du mal à le lire…

Je me rapproche. Reflûte, il n'est pas écrit en français. On dirait des…

« … Des… des hiéroglyphes ? »

Les mêmes que dans mon livre ! Des petits dessins rigolos... que, bien entendu, je suis incapable de déchiffrer !

Tout de même, des hiéroglyphes dans le métro... La R.A.T. P. a de drôles d'idées !

Bah, après tout, c'est logique, puisque ces couloirs sont ceux des pyramides... Mais en attendant, me voilà bien embêtée : je me perds, je trouve un panneau pour m'indiquer la route... et je ne comprends pas ce qu'il raconte. C'est énervant, à la fin !

Un œil, trois barres, une sorte de tournicotis, un oiseau aux ailes déployées... Qu'est-ce que ça peut bien vouloir dire ?

Est-ce que ça désigne une direction ? Mystère et boule de gomme...

Mais la meilleure façon de s'en assurer, c'est encore d'aller voir !

« Tu viens, Hot-dog ? »

Nous repartons en courant... pour arriver, trente secondes plus tard, devant un grand portail gardé par deux statues : des bonshommes en pagne, tout raides, avec de petites barbiches et de grands chapeaux pointus.

Je me penche vers mon chien d'un air perplexe.

« Euh... Tu crois que c'est un portillon automatique ? »

À tout hasard, je sors un ticket de ma poche. Mais j'ai beau chercher, je ne trouve pas de fente pour le composter.

Si au moins la R.A.T. P. avait mis de VRAIS contrôleurs, au lieu de statues, je pourrais leur demander ce que je dois faire. Mais là...

Mamie a bien raison quand elle se plaint qu'aujourd'hui, tout est automatique. Dans les transports en commun, il n'y a plus personne pour vous donner un renseignement. On doit se contenter des panneaux, des cartes et des plans. Comment se débrouillent les étrangers qui ne connaissent pas la langue, et les vieilles personnes, quand elles ont oublié leurs lunettes ?

Bon, inutile de râler, mieux vaut essayer de trouver une solution. Si j'enfonçais la porte ?

C'est autorisé, ça, dans le métro ? Ne vaudrait-il pas mieux rebrousser chemin, et prendre l'autre direction ?

Refaire tout ce trajet à l'envers ? Non, je ne m'en sens pas le courage. Après tout, ce n'est pas ma faute si rien n'est indiqué. Moi, je veux bien respecter le matériel, mais il faut qu'on m'en donne les moyens...

Allez, plus d'hésitation. Je recule, je prends mon élan, et...

Ça alors ! Avant que je les touche, les deux battants s'ouvrent d'eux-mêmes, en pivotant très lentement. Il doit y avoir un œilleton électronique caché quelque part.

Hot-dog, qui s'est glissé entre mes jambes pour se ruer vers la fente, freine net, les oreilles aplaties comme quand on le gronde. Puis il fait demi-tour, la queue entre les pattes...

Oh, nom de nom, je comprends : ça pue, à l'intérieur ! Je recule à mon tour. Jamais je n'ai senti une odeur pareille ! Un mélange de moisi, de vase et d'eau de vaisselle... Beurk, on ne doit pas aérer souvent, ici !

Il me faudrait une pince à linge pour me boucher le nez. À la place, je serre très fort mes narines entre le pouce et l'index et je respire par la bouche.

Maintenant, la porte est grande ouverte. Comme ma curiosité est plus forte que mon dégoût, j'appelle Hotdog :

« Allons, viens bon bedit gien ! Zuis-boi ! Une bauvaise odeur d'a jabais dué bersodde ! »

Il obéit à contrecœur, et nous pénétrons dans… Je ne sais pas comment nommer cet endroit étrange. Rien à voir avec une station de métro, en tout cas ! Imaginez une salle immense, au plafond soutenu par des colonnes, et couverte, de haut en bas, de peintures extraordinaires : des femmes aux yeux démesurés et aux cheveux nattés… des fleurs de lotus gigantesques… des barques avec des centaines de rameurs… d'étranges bonshommes à tête de chiens, de faucons, de serpents… Et tout ça éclairé par des torches accrochées le long des murs…

Exactement comme les photos de *L'Égypte des pharaons*, sauf que dans le livre, c'est en tout petit…

Et comment ça s'appelle, déjà ? Ah oui, je m'en souviens, maintenant : une *chambre funéraire…*

Cette immensité m'écrase. Je rentre le cou dans mes épaules et j'écarquille les paupières, pour ne rien perdre du spectacle…

À la lueur des flammes, les personnages semblent bouger. On dirait presque… un dessin animé. Les rameurs se mettent à ramer, les lotus

se balancent au vent, les femmes marchent dans de curieuses positions, à moitié de face, à moitié de profil...

Quant aux dieux à têtes d'animaux — *Anubis, Horus* et... je ne sais plus comment... —, ils tournent carrément la tête vers moi et me fixent.

Oh, leurs yeux, leurs yeux... Ils sont si brillants ! Je... je sens qu'ils m'hypnotisent... Une étrange somnolence m'envahit...

Tout commence à tourner autour de moi lorsqu'un faible couinement me ramène sur terre.

« Hot-dog... Gu'est-ze-gue... ? »

Mon chien est couché sur le flanc, inanimé.

« HOT - DOG !!! »

Je me jette sur lui pour le ramasser, ce qui m'oblige à lâcher mon nez. Mais l'odeur est tellement suffocante que je le rebouche aussitôt. Du coup, je n'ai plus qu'une seule main libre. Pas très pratique…

Enfin, j'arrive quand même à le prendre sous mon bras. Il a les yeux blancs et respire à peine.

« Bon bedit gien, gue ze bazze-d-il ? »

Ce qui se passe ? En un éclair, un paragraphe du livre me revient à la mémoire : … *Lorsqu'ils ouvrirent la chambre funéraire, un parfum étrange les saisit à la gorge… Nombre d'entre eux moururent, empoisonnés par cette odeur d'outre-tombe…*

Mais… Mais alors…

La vérité m'apparaît brusquement, abominable. CE TRUC QUI PUE, C'EST LE FAMEUX PARFUM, ET…

Malgré mon nez bouché, je pousse un cri d'horreur.

... ET CE PARFUM EST EN TRAIN D'EMPOISONNER HOT-DOG !!!

Viiiite ! Il faut filer d'ici avant qu'il ne soit trop tard !

Je me précipite ventre à terre vers la sortie quand un bruit bizarre me fige sur place.

« Aaaaaaa... tchoum ! »

D'un bond, je me retourne... et mon cri d'horreur se change en un hurlement d'épouvante.

Tout au fond de la chambre, il y a un sarcophage : ce cercueil en bois semblable à une grosse poupée, dans lequel les Égyptiens mettaient leurs momies. Or, ce sarcophage est entrouvert...

... ET C'EST DE LÀ QUE VIENT L'ÉTERNUEMENT !

*Chapitre 7*

# À la merci de la chose qui éternue

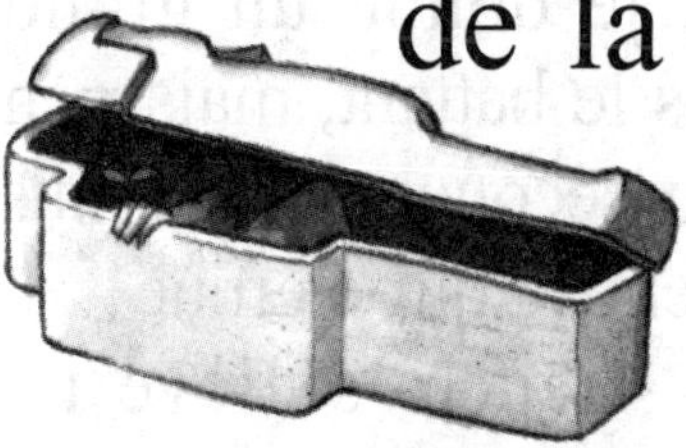

Mon hurlement se transforme en une vraie sirène d'alarme, et je fonce comme une flèche vers la porte.

Nom d'une saucisse... Elle s'est refermée. Et il n'y a pas plus de poignée de ce côté-ci que de l'autre.

Vite ! Il doit y avoir un moyen d'ouvrir... Ça a bien marché une première fois, il n'y a pas de raison que... Où est l'œilleton électronique? OÙ EST L'ŒILLETON ÉLECTRONIQUE???

Nulle part... ou alors, bien caché! Il faudrait que je cherche. Mais je n'ai que deux mains : l'une serre mon nez et l'autre porte Hot-dog.

À tout hasard, je donne un grand coup de pied dans le battant, mais rien ne se produit. Au secouuuurs! Je suis à la merci de la chose qui éternue!

Au milieu du silence, s'élève un nouveau bruit, une sorte de glissement : « ssshhhh... ssshhhh... » Ça me rappelle quelque chose... Ah oui, le frottement du sac à dos tiré par Hot-dog sur le sol. Je jette un coup d'œil épouvanté par-dessus mon épaule... et j'ai l'impression que mon cœur se décroche. Ce n'est pas un sac à dos qui s'avance vers moi, mais un être titubant, aux bras tendus. Un être effroyable. Une momie enveloppée de bandelettes, qui traîne les pieds en marchant.

J'ouvre la bouche toute grande mais aucun son n'en sort. Mes dents, par contre, produisent un claquement de castagnettes.

Lentement, la momie se rapproche.

Je pèse de tout mon poids sur la porte. Je donnerais n'importe quoi, à cette seconde, pour devenir invisible. Ou, au moins, me réduire à la taille d'une fourmi, et disparaître entre les pavés...

... Mais je reste plantée là, comme une empotée, avec mes doigts pinçant mon nez, et mon chien, qui devient de plus en plus lourd, coincé sous mon bras.

La momie est tout près, maintenant. C'est elle qui pue. Ma parole, elle n'a pas dû changer de bandages depuis au moins trois ans !

Je retrouve ma voix pour gémir :

« De be vaites bas de bal, z'il vous blaît, badabe la bobie… »

Un ricanement sinistre me répond :

« Ah ah ah ah… Tu as profané ma sépulture… Maintenant, tu vas payer… Ah ah ah ah ah… Et ce sera cher, je te préviens… Très très cher… »

La vengeance du pharaon, j'aurais dû m'en douter… Ce n'est pas mon livre qui racontait des idioties, mais Howard Pinkpanter.

Plaquée contre la porte, je vois, avec horreur, les mains de la momie se diriger vers moi. Ses doigts crochus se tendent vers mon cou…

L'entourent… Elle… elle va m'étrangler…

« Aaaaa… tchoum ! »

Son éternuement coupe son geste en deux, ce qui me donne le temps de tomber à genoux.

« Bidié… Bidié… Ze d'est pas ba vaute, tout ze gui vous arrive, z'est zelle de la R.A.T.B… Boi auzzi, je drouve gu'ils ont eu dort d'udiliser votre dombeau bour y vaire basser le bétro ! Je leur ai dit, bais ils d'ont bas voulu m'égouder ! »

La momie non plus ne veut pas m'écouter. On la comprend. Tout le monde s'obstine à la déranger, dans son « repos éternel » : les pilleurs de sépultures, les égyptologues, et maintenant le métro. Alors, bien sûr, elle a fini par perdre patience !

Manque de chance, c'est à moi

qu'elle s'en prend. Moi qui n'ai justement rien à me reprocher…

« Bidié, badabe la bobie… »

L'horrible rire couvre mes supplications :

« AH AH AH AH AH AH !!! »

Oh, ce rire, ce rire, je n'entends plus que lui ! Il augmente, résonne, énorme, assourdissant. Il… il me cogne sur les tempes comme des coups de marteau… il…

Je crois que je vais m'évanouir.

Tandis que je glisse par terre, prise d'un malaise, une curieuse impression me saisit. On dirait que… mais oui ! La porte est en train de s'ouvrir dans mon dos. Ma chute a dû déclencher le mécanisme…

Mais alors… je suis libre !

On dit toujours que la peur donne des ailes, eh bien, c'est vrai. Je ne cours pas, je vole. Les murs du couloir défilent en accéléré.

Mais j'ai beau battre tous mes records de vitesse, la momie ne me lâche pas d'une semelle. Et son rire atroce — entrecoupé d'éternuements — emplit le souterrain :

« Ah ah ah ah... Je t'aurai... Aaaaa... tchoum !... Tu ne m'échapperas pas... Et ma vengeance sera terrible... terrrrible... Aa aa aa......... tchoum ! »

Je ne sais pas où je vais, mais qu'importe. Sans même tenter de me repérer, je tourne à droite, puis à gauche, puis encore à droite, je zigzague, je monte, je descends... Tant pis si je me perds. S'égarer dans un labyrinthe, c'est quand même moins grave que de tomber entre les griffes d'un tas de bandages sales !

Le problème, c'est que je commence à m'essouffler. Le bras qui porte Hotdog est complètement ankylosé, un point de côté me tiraille le ventre, et l'air me brûle en pénétrant dans mes poumons. Je ne tiendrai plus longtemps...

Quand s'arrêtera cette poursuite infernale ? Lorsque je m'écroulerai, épuisée ?

J'entends la momie haleter derrière moi, je sens son haleine dans mon cou. Il suffirait que je trébuche, que je me torde la cheville ou que je ralentisse juste un petit peu, pour qu'elle m'attrape. Et alors... alors...

Rien que d'y penser, je grince des dents ! Papa, maman, Rémi, à l'aaaiiiiide ! Une momie veut ma peaaauuu !

J'arrive à l'extrême limite de mes

forces quand soudain... miracle ! Une sonnerie retentit non loin.

Dans un dernier effort, je prends la direction du son. Et je surgis sur le quai à l'instant précis où les portes du métro se ferment.

Je sais bien que c'est interdit de monter à ce moment-là, mais mon cas est exceptionnel. Ce n'est pas tous les jours qu'un voyageur est poursuivi par une momie !

Je prends mon élan et... hop ! Sauvée de justesse !

Sur le quai, la momie me regarde partir d'un air dépité. Je lui fais un pied de nez à travers la vitre, puis je me laisse tomber sur le strapontin et j'examine mon chien.

« Est-ce que ça va mieux, mon chér... Oh nooooon ! »

C'est comme si une bombe

m'explosait dans l'estomac. Hot-dog ne respire plus.

L'odeur-qui-tue l'a tué. Cette fois, je m'évanouis pour de bon.

*Chapitre 8*

# Une horrible rumeur dans le noir

C'est une drôle de sensation qui me réveille. Comme si on me passait un gant de toilette humide sur la figure. J'ouvre un œil, puis l'autre…

Debout sur mes genoux, Hot-dog me lèche les joues, le nez et le menton.

« Mon… Mon petit chien, tu n'es pas mort ? »

Je l'embrasse de toutes mes forces.

Même si je ne comprends rien à ce qui se passe, l'essentiel est que j'aie retrouvé mon Hot-dog adoré. Le reste m'est bien égal. Les momies, les sarcophages et les malédictions, je m'en fiche comme de ma première brosse à dents !

Le métro est à l'arrêt. Machinalement, je lève les yeux, et je regarde sur le quai.

Mais… j'ai la berlue ou quoi ? Sur les murs de la station, le mot *Pyramides* s'étale, en blanc sur bleu.

Comment est-ce possible ? Je ne suis quand même pas… revenue en arrière ?

Je lance un regard incrédule autour de moi. Trois personnes occupent le compartiment : un jeune Africain avec un baladeur, une grosse fille en bermuda rose, et un chauve. Ils ont l'air parfaitement à l'aise : le Noir bâille, la grosse fille se ronge les ongles, et le chauve lit son journal. Ce ne sont pas des attitudes de gens qui viennent de voyager dans le temps !

Et pourtant...

Voyons, réfléchissons... Hot-dog se porte aussi bien que s'il n'était pas mort, nous sommes à *Pyramides* et mes trois compagnons sont assis à la même place qu'avant...

Nom d'une grenouille, je comprends tout ! Je me suis endormie et j'ai rêvé ! Et, comme tous les rêves — tous les cauchemars, plutôt ! —, le mien n'a duré que quelques secondes.

Au-dessus de la porte, le plan de la ligne indique clairement : *Pont-Neuf... Palais-Royal... Pyramides... Opéra... Chaussée d'Antin...* Il n'y a jamais eu de station *Nil*, encore moins de *Porte du Sphinx*. Tout ça n'a existé que dans mon imagination, et nous sommes toujours à deux arrêts de chez mamie.

Quel soulagement ! Finalement, prendre le métro toute seule, c'est bien moins effrayant qu'on ne le croit…

Je me penche vers mon chien.

« Tu as profité de ce que je dormais pour sortir de ton sac, hein, fripouille ! »

Les petits yeux noirs de Hot-dog rient. Ma parole, il est fier de lui !

« Bon, d'accord, tu peux rester sur mes genoux. Mais tiens-toi tranquille, hein ! »

Je ramasse le sac à dos, j'y range mon livre, je passe les bretelles sur mes épaules… et c'est à cet instant précis que le métro s'arrête.

Cette fois, nous ne sommes pas dans une station, mais au beau milieu du tunnel. Dehors, il fait un noir d'encre. Impossible d'apercevoir quoi que ce soit, à part une petite lumière rouge, là-bas, au loin. Je suppose que c'est elle qui nous interdit d'avancer.

Un long moment passe. Je me demande vraiment ce qu'on attend...

En douce, j'observe les autres voyageurs. Ils ne paraissent pas inquiets. La fille en bermuda a cessé de se ronger les ongles pour mâcher du chewing-gum, le chauve est toujours plongé dans sa lecture. Et l'Africain me sourit.

« Il y a des travaux sur la voie », signale-t-il.

Puis il enlève son casque, se lève et

s'approche de moi. Il doit avoir à peu près l'âge de Rémi.

« Salut ! Je m'appelle Alex, et toi ?

— Zoé… et mon chien, Hot-dog. C'est un teckel.

— Je sais, j'ai le même en femelle… Bonjour, Hot-dog ! Tu m'as l'air bien sympa, toi ! »

Il lui gratouille la nuque et mon chien apprécie. Les animaux se sentent tout de suite en confiance avec ceux qui les aiment !

« Vous croyez qu'on va redémarrer bientôt ? » lance la grosse fille en soufflant une bulle.

Le chauve lève le nez de son journal.

« Je l'espère, j'ai un rendez-vous urgent ! Cette attente est intolérable… Je ne sais pas ce qu'ils fabriquent sur cette ligne : la semaine dernière, nous avons déjà poireauté presque dix minutes au même endroit ! »

Je colle mon nez à la vitre, mais mes yeux ont du mal à percer la pénombre. Ah, là-bas, il me semble apercevoir des silhouettes... Les ouvriers, sans doute !

Pouf! La bulle de la fille éclate.

« Il faut bien que la R.A.T. P. entretienne ses réseaux », répond-elle, le visage barbouillé de gomme rose.

Le chauve replie son journal dans un grand froissement de papier.

« Peut-être... mais pas dans la journée ! Pas au détriment des usagers ! »

Il consulte sa montre.

« Sapristi, je devrais déjà être à *Opéra* ! Si j'avais pu prévoir, je serais descendu à *Pyramides* et j'aurais continué à pied ! »

Tiens, tiens... j'entends un bruit bizarre ! Je tends l'oreille. Une sorte de rumeur monte du tunnel.

Je me tourne vers mes compagnons :

« Chut… Écoutez ! »

On dirait… des murmures…. des soupirs… des plaintes… des grognements étouffés… Rien à voir avec des bruits de pelles, de pioches ou de perceuses !

Mes trois compagnons se collent à leur tour aux fenêtres.

« Regardez, ça grouille de monde ! remarque Alex.

— C'est ma foi vrai qu'il y a foule ! s'étonne le chauve. Que font tous ces gens sur la voie ?

— Ils viennent par ici ! » s'exclame la fille.

Elle a raison : la foule s'avance lentement dans notre direction, et la rumeur augmente de seconde en seconde.

Timidement, je risque :

« Euh… ils sont vraiment nombreux, ces ouvriers… Et puis… ils ont une drôle d'allure… »

C'est vrai, ça : au lieu de bleus de travail, ils portent des guenilles… Des espèces de… bandelettes… Et ils marchent en tendant les bras devant eux…

Un froid glacial m'envahit. On dirait des…

« Des momies ! »

Le cri m'a échappé malgré moi. Alex, le chauve et la grosse fille sursautent en même temps.

« Des quoi ?

— Des momies… Je… je les reconnais, le métro en est plein ! Il y en a même une qui m'a poursuivie, tout à l'heure ! »

Un silence consterné succède à mes paroles. Mes compagnons, le nez contre la vitre, tentent désespérément de percer les ténèbres.

« Elle… elle a raison…, balbutie Alex. On… on dirait bien des momies…

— Ça n'a pas de sens, voyons ! se rebiffe le chauve. Nous sommes victimes d'une hallucination collective…

— Des momies ?… Des momies ?… DES MOMIES !!! » hurle la grosse fille, en proie à une crise de nerfs. Et, d'émotion, elle avale son chewing-gum.

Ce sont bien des momies, plus de doute, maintenant ! Si leur apparence ne suffisait pas à me convaincre, l'odeur, elle, je l'ai reconnue. Des relents de vase, de moisissure, d'eau de vaisselle, montent des voies.

« Au secours ! » beugle la grosse fille en courant dans tous les sens.

Elle se jette dans les bras du chauve.

« Sauvez-moi, monsieur, je vous en supplie ! »

À présent, les momies encerclent le métro. Il en arrive de partout. Elles grimpent sur le marchepied, s'agrippent aux portières, se collent aux fenêtres. En gros plan, elles sont encore plus hideuses que de loin. Leurs pansements sont d'une saleté repoussante... et je n'ose même pas imaginer ce qu'il y a en dessous !

Alex tremble de tous ses membres. Son beau teint noir est devenu gris.

« Les... les monstres donnent l'assaut ! ânonne-t-il. Ils vont nous réduire en m... miettes ! »

Des chocs ébranlent en effet notre abri. Les êtres de cauchemar heurtent les portières et frappent les vitres. La rame ne résistera pas longtemps !

« Nous devons les empêcher de

rentrer à tout prix ! » crie le chauve.

Il lâche la grosse fille qui s'affale par terre en sanglots, et parcourt le wagon des yeux.

« Vite, trouvons des objets qui peuvent nous servir d'armes ! »

C'est plus facile à dire qu'à faire. Dans le métro, tout est attaché : les sièges, les barres, les tablettes, les strapontins... On a beau fouiller partout et s'agiter comme des mouches dans un verre, impossible de trouver quoi que ce soit d'efficace !

Un craquement sinistre, suivi des aboiements furieux de Hot-dog, nous arrache à nos recherches. Sous la poussée des momies, la porte vient de céder.

*Chapitre 9*

# Les momies attaquent !

Un vent de terreur balaie le compartiment. Sans même nous concerter, nous refluons tous vers le fond, le plus loin possible des monstres. Seul Hot-dog leur tient tête, et là, franchement, chapeau ! Je n'aurais jamais cru que mon chien était si courageux !

N'empêche, s'il lui arrive la moindre chose, moi, je ne m'en remettrai pas !

Tassée contre mes compagnons, je l'appelle désespérément :

« Viens ici, Hot-dog ! Viens, je te dis ! Ne t'approche pas de ces horreurs ! »

Peine perdue, il ne paraît même pas m'entendre. Ce n'est plus un chien, c'est un lion ! Les crocs en avant, il se rue sur la première momie qui prend pied dans la rame, et l'attrape au mollet.

Mais que peut un petit teckel de rien du tout contre un tel adversaire ? Avec un grondement de rage, la momie le saisit par la peau du cou et le jette sans ménagement dans l'allée.

Indignée, je bondis sur elle.

« Ne touchez pas Hot-dog, sale brute ! »

Je ne sais pas si vous êtes comme moi, mais quand la moutarde me monte au nez, je n'ai plus peur de rien ni de personne. Or, s'il y a bien une chose au monde qui me met hors de moi, c'est qu'on ose agresser Hotdog. Dans ce cas-là, je me sens capable d'affronter n'importe qui : mon père, ma mère, la maîtresse, mon frère Rémi et ses copains... Même le président de la République, à la rigueur. Alors, un troupeau de momies, hein, pfffttt !

Trois paires de mains agrippent mon sac à dos pour me retenir.

« Attention, Zoé ! crie Alex.

— Reste ici ! ordonne la grosse fille.

— Ce n'est pas la peine de prendre des risques pour un chien ! » ajoute le chauve.

Comment ça « ce n'est pas la peine de prendre des risques pour un chien » ? Qu'est-ce qu'il s'imagine, lui ? Que je vais laisser massacrer MON Hot-dog sans lever le petit doigt ?

Glissant mes bras hors des bretelles du sac, je me dégage avec impatience.

« Laissez-moi ! Elles vont voir de quel bois je me chauffe, ces momies de malheur ! »

Entre-temps, Hot-dog est revenu à la charge. Mais ce n'est plus à UNE momie qu'il a affaire, mais à une bonne dizaine. Et il en arrive sans cesse de nouvelles. Déjà, la plate-forme est pleine à craquer, et les allées commencent à être envahies…

« Argn ! »

Cette fois, la mâchoire de mon chien s'est refermée sur un poignet.

Et celui-ci a beau s'agiter frénétiquement, Hot-dog tient bon.

Je trépigne.

« Vas-y, ksss ksss, mords-les... »

Mais mon cri se termine en gargouillis, car une des momies me saisit à la gorge.

Hot-dog lâche aussitôt sa proie pour venir à mon aide. Hélas, il calcule mal son élan ! Ses petites dents ne happent qu'un morceau de bandelette, et il retombe brutalement sur son derrière, entraînant le bout de tissu avec lui.

Le résultat est ahurissant. La momie se met aussitôt à tournoyer. En moins d'une seconde, elle est à moitié déballée.

Un cri de surprise m'échappe. Car, savez-vous ce qu'il y a sous la bandelette ?

Rien. De la poussière. Juste un peu de poussière qui s'éparpille dans l'air.

Je réagis au quart de tour :

« Tire, Hot-dog, tire encore ! Plus fort ! Tiiiiire ! »

Pas besoin d'insister, mon chien a compris. L'instant d'après, un paquet

de bandages sales jonche le sol, recouvert de quelques pincées de poudre grise. C'est tout ce qui reste du monstre…

Indifférentes au sort de leur copine, les autres momies ont continué à progresser. À présent, elles ne sont plus qu'à quelques centimètres des voyageurs. Ceux-ci, paralysés d'horreur, regardent sans un geste la masse puante marcher sur eux.

Il est grand temps que j'intervienne !

« Déballez-les, nom d'une carotte ! DÉBALLEZ-LES !!! »

Et, pour bien leur montrer l'exemple, je me cramponne aux bandelettes de la momie la plus proche.

Alex est le premier à comprendre.

« Attends, je t'aide ! » crie-t-il, en me rejoignant.

Cette fois, c'est la ruée. Le chauve

retrousse ses manches, la grosse fille fonce dans le tas. Et la bagarre devient générale.

Si les momies ont l'avantage du nombre, nous, par contre, on possède une super-technique de contre-attaque. La méthode dite « du cadeau de Noël ». Tout est dans la rapidité du mouvement. Le moindre petit bout de bandelette qui dépasse, chtac ! on l'attrape, et d'un geste souple du poignet, vloup ! on déballe… Résultat : en moins de dix minutes, la moitié des momies s'est évaporée. Les autres ont des bras et des jambes en moins, et l'atmosphère, pleine de poussière, est aussi épaisse que celle de Londres un jour de fog.

C'est au milieu de ce tohu-bohu infernal qu'une voix s'élève soudain :

« Bonjour, messieurs-dames ! Contrôle des billets, s'il vous plaît ! »

*Chapitre 10*

# Le meilleur goûter du monde

Je fais un tel bond que ma tête manque de cogner le plafond.

« Hein ?!?

— Contrôle des billets, mademoiselle ! » répète la voix.

J'ouvre les yeux tout grands, je les frotte… et je me trouve face à face avec un homme en uniforme.

Je lui fais mon plus beau sourire.

« Vous tombez bien, vous : nous avons justement besoin de renfort! »

Sa mine ahurie vaut le détour.

« Du renfort? Pourquoi?

— Ben, pour déballer les momies, pardi! Vous ne voyez pas qu'on est submergés? »

Je me retourne pour prendre mes compagnons à témoin... et je reste bouche bée. Tout est en ordre, dans le compartiment. Plus de momie ni de bandelettes, ni même la moindre trace de poussière. À croire que le combat n'a jamais eu lieu... Tranquillement assis dans leur fauteuil, le chauve lit, la grosse fille se ronge les ongles, et Alex claque des doigts au rythme de sa musique.

« Vous vous sentez bien, mademoiselle? s'inquiète le contrôleur.

— Euh... oui... Excusez-moi, je... je crois que je dormais... »

Je sors mon ticket de ma poche et je le lui tends.

« Au fait, à quelle station sommes-nous ?

— Nous arrivons à *Chaussée d'Antin.* »

*Chaussée d'Antin* ? Mais c'est chez mamie, ça !

« Allez, hop, Hot-dog ! On y est ! »

Pas le temps de le remettre dans son sac, je vais le porter jusqu'à la rue. Déjà, le métro ralentit. Je jette un dernier coup d'œil à mes compagnons de voyage. Le chauve et la grosse fille, je les quitte sans regret, ils ne m'étaient pas très sympathiques. Mais Alex... J'aurais bien aimé qu'on devienne copains, lui et moi...

Mentalement, je me traite d'idiote. Moi et ma fichue imagination... Je ne sais rien de lui, même pas son vrai nom. Dans mon rêve, il était sympa, mais dans la réalité... Peut-être que je le détesterais si je le connaissais mieux !

N'empêche qu'il me plaît bien !

Le métro s'arrête, j'ouvre la portière... et j'ai un coup au cœur. Car le jeune Africain vient de se lever aussi... ET IL DESCEND À LA MÊME STATION QUE MOI !

L'un derrière l'autre, nous suivons le panneau « Sortie » — sans s'adresser la parole, bien entendu ! L'un derrière l'autre, nous empruntons l'escalator. Et l'un derrière l'autre, nous débouchons à l'air libre.

Le soleil nous accueille. Mais pas le soleil du désert, non ! Juste un beau soleil de printemps parisien, qui illumine l'avenue.

L'immeuble de mamie se dresse devant moi. Tandis que je me dirige vers la porte cochère, Alex s'engouffre dans le *Bar du métro.*

« C'est à cette heure-ci que tu arrives ? lui crie le patron au moment où il entre.

— C'est pas ma faute, y a eu un pépin dans le métro. On s'est arrêtés entre deux stations, et... »

Il se retourne vers moi pour que je confirme. Je deviens toute rouge, et je hoche la tête avec conviction. Alex me remercie d'un sourire.

« Bon, ça va pour cette fois..., grogne le patron. Allons, dépêche-toi, mon gars, les clients attendent ! »

Ça alors, Alex est serveur en bas de chez ma grand-mère ! Pour une chouette coïncidence, c'est une chouette coïncidence !

*

* *

« Ainsi, tu as voyagé toute seule ! » s'exclame mamie.

Elle est jolie comme tout, dans son peignoir en éponge. Pour se donner bonne mine malgré sa maladie, elle s'est mis du rose aux joues et un petit peu de rouge à lèvres. On dirait une jeune fille avec une perruque blanche !

Je me blottis contre elle, parmi les coussins du sofa, et je précise :

« Pas vraiment seule : Hot-dog m'accompagnait ! Et s'il n'avait pas été là… »

Je me retiens juste à temps. J'ai

failli dire : « S'il n'avait pas été là, les momies nous pulvérisaient tous ! » Ah ! la, la, je suis vraiment incorrigible, moi !

« S'il n'avait pas été là ? demande doucement mamie.

— Ben... Je me serais sentie un peu perdue, dans le métro !

— Quand tu circules dans les transports en commun, prends toujours un livre. Avec un livre, on ne se sent jamais seule et le temps passe plus vite ! »

Je lui montre *L'Égypte des pharaons* :

« C'est ce que j'ai fait, figure-toi ! »

Mais je n'ajoute pas que ça m'a joué un vilain tour. Mamie a beau être la plus formidable des grands-mères, il y a des limites à ce qu'elle peut comprendre !

Elle ajuste ses lunettes et prend un air critique.

« Pas mal… Tu t'intéresses à l'archéologie, toi, maintenant ?

— Euh… oui, un peu… Ce qui me plaît, c'est le mystère…

— Ah, le mystère… Toi aussi, tu aimes les histoires qui donnent le frisson ?

— Ben… ouais ! »

Mamie m'embrasse en riant.

« Tu me ressembles, quand j'avais ton âge... Et même encore aujourd'hui ! Je vais te faire une confidence, ma chérie : moi, je n'achète que des romans d'horreur ! »

Elle en prend un dans la bibliothèque.

« Tiens, celui-là, par exemple ! Il est absolument passionnant ! Feuillette-le pendant que je prépare le goûter. Et, si tu en as envie, je te le donne ! »

Tandis qu'elle disparaît dans la cuisine, je regarde la couverture du livre. *Le Fantôme de l'Opéra*... Houlà ! ça a l'air terrifiant ! L'image représente un affreux personnage enveloppé dans une cape noire et coiffé d'un chapeau à large bord.

Mais le pire, c'est son visage : une vraie tête de squelette !

Je rejoins illico ma grand-mère — ce qui n'est pas facile, car pour atteindre la cuisine, il faut passer entre les cactus qui encombrent le séjour, et on se met des piquants partout.

À propos... Je ne m'étais pas juré de les détruire tous, ces satanés cactus, si je survivais à la chaleur du désert ?

Ah ! la, la, quel rêve stupide ! J'ai presque honte de moi, en y repensant. Il faut vraiment que je me méfie de mon imagination !

« Qu'est-ce que ça raconte, ce bouquin, mamie ?

— Tu le verras bien, ma puce !

— Je préférerais savoir avant... Parce que, si c'est vraiment trop effrayant, je… j'ai peur d'avoir peur, tu comprends ? »

Mamie éteint le gaz où fume le chocolat et sort un bol du buffet.

« Peur d'avoir peur ? Quelle drôle d'idée ! dit-elle en me servant. Les émotions fortes, c'est si amusant !

— Peut-être, mais… ça donne des cauchemars !

— Tu veux que je t'apprenne un petit truc pour ne plus en avoir ? Dès que les choses commencent à tourner mal, tu dis tout haut : “ Il ne peut rien m'arriver puisque je suis dans mon lit, et que je rêve !” Et pfuit ! Aussitôt, tout s'arrange comme par magie. Tu sais, les monstres de la nuit n'existent que si on croit à eux ! »

Elle pose un panier de viennoiseries devant moi. Aussitôt, Hot-dog en réclame ; il adore ça.

Je lui découpe des petits bouts de croissants pendant que mamie verse le chocolat, puis je prends un chausson aux pommes dans lequel je mords à belles dents. Hmmm, quel délice ! Franchement, les goûters de ma grand-mère, ce sont les meilleurs goûters du monde !

« Lis *Le Fantôme de l'Opéra* sans crainte, poursuit mamie. Il te donnera de très agréables frissons… à condition que tu gardes toujours à l'esprit que les fantômes n'existent pas. Ce sont des êtres imaginaires. Gaston Leroux, l'auteur du roman, a inventé ce personnage dans le seul but de divertir ses lecteurs. »

Vu comme ça, évidemment… Avec un sourire reconnaissant, j'empoche le livre. Je le commencerai dans le métro, au retour.

« Que dirais-tu d'une partie de petits chevaux, en attendant ? » suggère mamie.

J'applaudis des deux mains. Ça, pour une bonne idée, c'est une bonne idée !

*Chapitre 11*

# Un fantôme caché dans l'ombre

Malheureusement, les meilleures choses ont une fin. Aussi, vers cinq heures et demie, mamie range le jeu.

« Il est temps que tu rentres, ma chérie, déclare-t-elle à regret.

— Déjà ?

— Eh oui... Ta visite m'a fait un immense plaisir, je t'aurais bien gardée encore une heure ou deux. Mais il est tard, le trajet est long, et tes parents vont s'inquiéter. D'ailleurs, pas question que tu circules à la nuit tombée ! »

Et, malgré mes protestations, elle nous met dehors, Hot-dog et moi.

« N'oublie pas mon système anticauchemar, hein ! recommande-t-elle en m'embrassant.

— Promis ! À bientôt, mamie !

— À bientôt... et téléphone-moi dès que tu auras lu mon livre, j'ai hâte de connaître ton opinion !

— D'accord ! »

En passant devant le bar, je jette un coup d'œil furtif. Je dirais bien au revoir à Alex... Mais il est trop occupé avec ses clients. Dommage...

Je m'engouffre dans la bouche de métro. Cette fois, je suis moins inquiète qu'à l'aller. J'ai déjà l'habitude…

Le quai est noir de monde. Normal : à cette heure-ci, les employés sortent des bureaux et rentrent chez eux. Nom d'un perce-oreille, j'ai intérêt à jouer des coudes si je veux trouver une place assise !

La rame arrive, la foule se précipite. Flûte, les compartiments sont déjà bondés, il ne reste plus le moindre siège libre ! Si j'étais une personne âgée, un handicapé ou une femme enceinte, on m'en céderait peut-être un, mais les petites filles avec des chiens ne sont pas prioritaires…

Sur la plate-forme, les voyagcurs ont l'air de sardines en boîte. Il y a de quoi mourir étouffé, là-dedans… Je laisse passer tout le monde devant moi, et je me glisse dans un petit coin, contre la portière. Au moins, comme ça, je vois quelque chose. Parce que l'ennui, quand on a dix ans, c'est qu'au milieu de la foule, même en se mettant sur la pointe des pieds, tout ce qu'on aperçoit, ce sont les dos et les ventres qui vous écrasent…

« Ça va, Hot-dog? »

Pour toute réponse, je reçois un grand coup de langue sur la tempe. Hot-dog, dans n'importe quelle circonstance, du moment que je lui parle, il est content.

Le métro démarre. Les secousses font pencher tous les gens dans un sens, puis dans l'autre. Lorsqu'on est aussi serrés, inutile d'essayer de résister. On forme bloc avec ses voisins, et, qu'on le veuille ou non, on suit le mouvement. Comme sur les attractions de la *Foire du Trône*…

Quelques instants d'obscurité, puis le métro arrive à *Opéra*. Les portières s'ouvrent, et…

Les voyageurs se ruent dehors. Quelle bousculade ! Emportée par le flot, je me retrouve sur le quai sans avoir eu le temps de comprendre ce qui se passait. À peine trois secondes après, une autre marée humaine se précipite en sens inverse et prend le métro d'assaut. Ils sont tous fous ! Arrêtez, vous allez m'écraser ! J'étouffe ! Je…

Instinctivement, je joue des coudes pour m'écarter de la cohue. Je me sens si petite dans cette mer en furie !

Sous la pression de la foule, je commence à vaciller. Une sorte de voile sombre passe devant mes yeux, mes oreilles se mettent à bourdonner…

Quand je retrouve mes esprits, le métro est déjà loin. Et moi, je suis toute seule dans la station vide.

Bah, finalement, c'est mieux ainsi. Je vais attendre le prochain, il sera peut-être moins rempli que celui-ci...

Je m'assieds sur un banc, et comme l'attente se prolonge, j'ouvre la poche de mon sac à dos et je sors le livre de mamie.

« *Le Fantôme de l'Opéra*... Chouette titre, hein, Hot-dog... »

Je contemple l'affreux bonhomme de la couverture quand, subitement, une bizarre impression me saisit. Comme si... Comme si quelqu'un me regardait...

Je me retourne, et...

« Aaaaaah ! »

Quelqu'un me regarde, en effet, dissimulé dans l'ombre d'un couloir.

Un grand type très maigre, avec une cape noire et un chapeau à large bord.

Il fait un pas en avant, et la lumière frappe son visage. Je sens mon sang se glacer dans mes veines. Car il a une… UNE TÊTE DE SQUELETTE !!!

Et… Et… ET NOUS SOMMES À LA STATION *OPÉRA* !

« Hot-dog, c'est lui ! C'est le Fantôme de l'Opéra !!! »

Abandonnant mon livre sur le banc, je prends mes jambes à mon cou. Bien entendu, le fantôme me suit ! Et c'est reparti pour une cavalcade dans les couloirs…

Décidément, je n'arrête pas de courir, moi, dans ces transports en commun ! Finalement, le métro, c'est encore plus fatigant que de circuler à pied !

VILLE JUIF

Derrière moi, le fantôme gagne du terrain. Je redouble de vitesse. J'en ai vraiment ma claque d'être poursuivie par des créatures horribles ! Une momie, un fantôme... Qu'est-ce que ce sera, la prochaine fois ? Une pieuvre géante? Une horde de loups-garous? Un club de sorcières?

Au fait... Je ne serais pas de nouveau en train de rêver, moi, par hasard? Qu'est-ce que mamie disait, tout à l'heure, à ce propos? Ah oui : « *Les monstres de la nuit n'existent que si on croit à eux !* » Ce fantôme-là, si je ccsse d'y croire, est-ce qu'il disparaîtra?

Essayons : « Je n'y crois pas, je n'y crois pas, je n'y crois pas!!! » Flûte, il est toujours là! Et même... il accélère!

Moi, par contre, je suis à bout de

forces. Mes mollets vont me trahir d'une seconde à l'autre…

Ce ne sont pas mes mollets qui me trahissent, mais mes chevilles. Ma cheville gauche, exactement. D'un seul coup, elle se tord et…

« Aaaaaïe ! »

Nom d'un ver de terre, quel vol plané ! Je me retrouve à plat ventre, dix mètres plus loin, avec trente-six chandelles devant les yeux.

Dans mon sac à dos, Hot-dog, terrifié, couine en se débattant. À force de gigoter, il finit par s'extirper de sa « prison », s'ébroue et lèche ses pattes endolories par la chute.

Soudain, une grande ombre se penche sur moi.

« Vous vous êtes fait mal, mademoiselle ? » demande une voix macabre.

C'est le moment ou jamais d'essayer

le truc de mamie. Je ferme les paupières serrées serrées et je me répète à toute vitesse : « C'est un cauchemar, rien qu'un cauchemar ! De toute façon, il ne peut rien m'arriver ! »

Je ne voudrais pas être vexante, mais ce n'est pas très efficace. Non seulement le fantôme est toujours là, mais il insiste :

« Mademoiselle ! Mademoiselle ! Comment vous sentez-vous ? »

Sa main glacée s'abat sur mon épaule. Hors de moi, je me mets à hurler :

« Laissez-moi ! Allez-vous-en, je sais bien que vous n'existez pas ! »

Le fantôme fait une drôle de tête. Et euh… d'ailleurs… en y regardant bien, on ne peut pas vraiment dire qu'il ait une tête de squelette… Il est moche, ça, oui ! Très pâle, les yeux cernés, une bouche sans lèvres, et juste la peau sur les os. Mais la ressemblance s'arrête là…

« Bien sûr que si, j'existe ! proteste-t-il, indigné.

— Vous n'êtes pas un être imaginaire ?

— Pas du tout ! Je m'appelle Vanderwinden et je suis dessinateur de bandes dessinées. »

J'avale ma salive avec difficulté.

« Pourquoi m'avez-vous pourchassée, alors ?

— Je ne vous ai pas pourchassée, je voulais juste un renseignement. Vous comprenez, j'habite Bruxelles, et c'est la première fois que je prends le métro… »

Ah, je comprends tout ! Sa voix si particulière… elle n'est pas macabre, elle a juste l'accent belge !

Tout en me relevant et en époussetant mes vêtements, je demande avec méfiance :

« Euh… Quel genre de renseignement ?

— Je dois aller *Place d'Italie*, et…

— Ligne 7, direction *Villejuif* ou *Mairie d'Ivry.* »

J'ai sorti ça d'une traite et mon interlocuteur est visiblement épaté.

« Eh bien, dites donc… Le métro n'a pas de secret pour vous ! »

Je prends un air modeste : inutile de lui dire que c'est une coïncidence, et qu'en dehors de la ligne 7, tout ce que je connais, ce sont les stations *Nil* et *Porte du Sphinx*…

Il remercie et s'en va. Je le laisse partir tout seul, même si nous allons dans la même direction. Les petites filles ne doivent jamais suivre des inconnus, la maîtresse nous le dit tout le temps. Même s'ils ont des allures de fantômes, et n'en sont pas…

N'empêche que maintenant, j'ai une grosse bosse sur le front et un trou dans mon jean, à l'emplacement du genou ! Quant à Hot-dog…

« Allez, viens vite dans ton sac, mon petit chien ! »

… Hot-dog se sauve dès que je l'appelle. Je crois qu'il est devenu allergique aux sacs à dos !

*Chapitre 12*

# Momies ou fantômes ?

« Alors, mon p'tit pot-au-feu, comment s'est passé ce trajet en métro ? » demande papa dès qu'il rentre du bureau.

Je lui fais mon plus beau sourire.

« Très bien… Finalement, ce n'est pas compliqué du tout : il suffit de suivre le plan !

— Et tu n'as pas eu peur? »

Je hausse les épaules avec agacement.

« Pourquoi j'aurais eu peur, d'abord? Qu'est-ce que vous avez tous à me dire ça... »

Une charge d'éléphant m'interrompt : Rémi vient d'entrer dans la pièce.

« Ne fanfaronne pas, Zoé-la-trouille! rigole-t-il. Je suis sûr que tu étais malade de frousse! »

Celui-là, alors, quelle calamité!

« Même pas vrai, monsieur Je-sais-tout! J'étais très à l'aise, au contraire!

— Tu ne t'es pas laissé emporter par ton imagination, comme d'habitude? » insiste papa.

L'espace d'un éclair, je repense aux momies, à Howard Pinkpanter, au fantôme de l'Opéra… Je lui avoue tout?

Ça va pas, la tête? Pour que mon frère se moque encore de moi!

« Non! Et d'ailleurs, mamie m'a appris un truc anti-peur très efficace. Grâce à elle, je vais pouvoir lire tous les livres d'épouvante que je veux, sans que ça me donne des cauchemars!

— Tant mieux! dit Rémi, en brandissant la B.D. qu'il tenait cachée derrière son dos. Parce que je voulais justement te passer cet album!

— Qu'est-ce quc c'est?

— Une histoire à te faire dresser les cheveux sur la tête! »

Je jette un coup d'œil sur la couverture : on y voit l'intérieur d'une pyramide avec, à l'avant-plan, un sarcophage entrouvert. Et dans l'ombre du sarcophage, deux yeux brillants…

« *La malédiction de la momie…* Pfuit ! Ce n'est même pas effrayant ! »

Mon frère ouvre des yeux ronds.

« Eh bien… qu'est-ce qu'il te faut ?

— *La malédiction de la momie…*, murmure papa pensivement. Ce n'est pas de Jacques Vanderwinden, ça ? »

Je saute en l'air.

« De… De qui ?

— Jacques Vanderwinden, le dessinateur qui est mort la semaine dernière… Il y a eu une émission sur lui, à la télé. »

Sous le coup de l'émotion, mon estomac se contracte.

« Qu'est-ce que tu as, Zoé ? Tu es toute pâle, s'étonne papa.

— Je… Je crois bien que je vais vomir… »

Et de toute la vitesse de mes jambes, je me précipite vers les toilettes.

« Zoé, qu'as-tu ? crie maman, en sortant en trombe de la cuisine.

— Une indigestion, dit Rémi. Elle a encore dû faire une cure de gâteaux, chez mamie…

— À moins que ce ne soit le métro, ajoute papa. Il y a des gens qui ne supportent pas l'avion, d'autres qui ont le mal de mer ou de voiture... Pourquoi notre Zoé n'aurait-elle pas le mal de métro ? »

Entre deux hoquets, je leur crie :

« Vous n'avez rien compris ! Je n'ai pas d'indigestion, j'ai juste rencontré un fantôme, un VRAI fantôme, et il m'a demandé son chemin ! »

Dans un silence stupéfait, papa s'approche de moi.

« Zoé, qu'est-ce que c'est que ces sottises ? Tu sais très bien que les fantômes n'existent pas !

— Ça, c'est toi qui le dis ! Mais moi, les adultes, je ne les crois plus : toi, mamie, la maîtresse, Howard Pinkpanter, vous n'arrêtez pas de me mentir, et...

— Te mentir ??? coupe maman, indignée. Tu n'as pas honte de traiter ton père de menteur ?

— Laisse, chérie, ce n'est rien, dit papa, avec un geste apaisant. Zoé, raconte-moi exactement ce qui s'est passé.

— J'étais à la station *Opéra*, et là, j'ai vu un grand type avec une cape noire… »

Un hurlement de rire m'interrompt :

« Le fantôme de l'Opéra ! Zoé a rencontré le fantôme de l'Opéra ! s'esclaffe Rémi. Ça, c'est la meilleure ! »

Je me plante devant lui, les poings sur les hanches.

« Tu rigolerais peut-être moins si ce type m'avait kidnappée !

— Pourquoi t'aurait-il kidnappée ? sursaute papa. Tu lui as parlé ?

— Ben oui... Il m'a même poursuivie dans les couloirs ! »

Mes parents échangent un regard inquiet, et au même instant, la sonnerie de la porte d'entrée retentit. Rémi se précipite pour ouvrir, et revient suivi de...

« Alex !

— Vous vous connaissez ? s'étonne papa.

— Euh... oui, il travaille en bas de chez mamie...

— Mais... je ne m'appelle pas Alex ! proteste le jeune Noir. Mon nom, c'est David. Et je suis venu te rapporter ça... »

Il me tend *L'Égypte des pharaons*.

Je me sens pâlir. Comment mon livre se retrouve-t-il entre ses mains ? C'est inexplicable...

Ou plutôt... c'est trop explicable,

justement ! Et l'explication me donne la chair de poule !

Un souvenir m'est revenu comme un flash : quand j'ai voulu défendre Hot-dog contre les momies, mes compagnons de voyage m'ont retenue par mon sac à dos, et l'ont décroché. C'est à ce moment-là que j'ai perdu mon bouquin... Ça signifierait que...

Une bouffée d'angoisse me saisit.

... Que non seulement le fantôme de l'Opéra existe, MAIS LES MOMIES AUSSI !!! Je... je n'ai pas rêvé, tout s'est vraiment passé !

Houlà, ma pauvre tête...

« Tu avais oublié ce livre chez ta grand-mère, précise David. Comme on se connaît un peu, elle et moi, et que j'habite ici tout près, elle m'a demandé de te le rapporter... »

Ah bon, j'aime mieux ça !

« Aujourd'hui, Zoé a pris le métro seule pour la première fois de sa vie, dit papa. Elle était un peu impressionnée, ce qui explique sa distraction !

— Je m'en suis bien rendu compte, répond David. Pendant le trajet, elle n'avait pas l'air dans son assiette, et…

— Vous avez voyagé ensemble ? l'interrompt vivement maman.

— Ben oui…

— Y a-t-il eu des incidents, a-t-elle parlé à d'autres voyageurs ?

— Non… Je crois qu'elle a dormi presque tout le temps… »

Papa, maman et Rémi se lancent un regard de connivence. Et sur leurs trois bouches naissent trois petits sourires moqueurs.

« Nous nous en doutions, dit papa, mais nous avions besoin d'une confirmation. Elle nous a raconté une histoire abracadabrante de fantôme et de poursuite… »

Il se penche vers moi avec tendresse.

« Tu vois, mon p'tit pot-au-feu, ce n'était rien. Tu t'es endormie et tu as eu un cauchemar, comme d'habitude ! »

Je m'apprête à protester — David était avec moi à l'aller, pas au retour, il a donc raté l'épisode du fantôme ! — quand papa regarde sa montre.

« Rémi, tu peux allumer la télévision, s'il te plaît : c'est l'heure des nouvelles ! »

Mon frère obéit. Aussitôt, la voix du présentateur s'élève dans la pièce :

« … *Georges Vanderwinden, qui est à la fois le frère et le plus proche collaborateur du célèbre dessinateur récemment décédé, vient d'arriver à*

*Paris. Nous l'avons interviewé...* »

Je me précipite vers l'écran, où un visage squelettique apparaît en gros plan. Nom d'une mouffette, c'est lui ! Mais alors, tout s'explique...

« Ma sœur est convaincue qu'elle a rencontré le fantôme de l'Opéra ! » dit Rémi à David.

Je bondis.

« C'était une plaisanterie, évidemment ! Je sais très bien que les fantômes n'existent pas ! Ce sont des êtres imaginaires, des inventions d'écrivains et de cinéastes...

— À la bonne heure ! Te voilà devenue raisonnable, dit papa.

— Veux-tu dîner avec nous, David ? Il y a des endives au gratin », propose maman.

David accepte avec enthousiasme.

« Après, je te passerai des enregistrements de mon groupe de rock, ajoute Rémi.

— C'est quoi, votre nom de scène?

— Ben… On ne sait pas encore… On hésite entre *Les Momies*, comme dans la B.D. de Jacques Vanderwinden, et *Les Fantômes*… »

Il me jette un coup d'œil en coin.

« … comme dans le métro de Zoé. »

Tout le monde éclate de rire, sauf moi. Franchement, l'humour de mon frère, difficile de trouver plus nul!!!

Table

Imprimé en France par ***Partenaires-Livres®***
n° dépôt légal : 8778 - mars 2000
20.20.0265.01/7 ISBN : 2.01.200265.X
*Loi n°49-956 du 16 juillet 1949*
*sur les publications destinées à la jeunesse*